CHAMBORD

BANQUET

DU 29 SEPTEMBRE 1879.

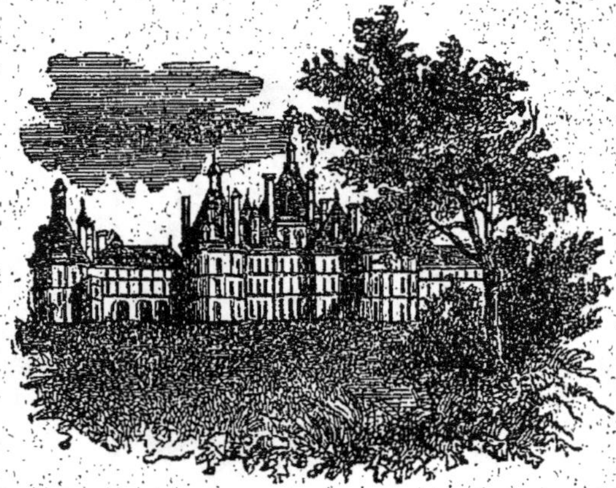

BLOIS

IMPRIMERIE E. MOREAU ET Cie

RUE PIERRE-DE-BLOIS, 14.

—

1879

CHAMBORD

BANQUET

DU 29 SEPTEMBRE 1879.

BLOIS

IMPRIMERIE E. MOREAU ET Cie

RUE PIERRE-DE-BLOIS, 14.

1879

ous offrons le récit de la fête de Chambord à nos amis, propriétaires, cultivateurs, artisans..... à ceux qui, répondant à notre appel, ont quitté leurs occupations, le travail des champs et le travail de l'atelier, pour venir avec nous, au seuil de son palais désert, saluer l'auguste anniversaire de l'Absent !

Le 29 septembre 1879 est une date acquise aux sentiments monarchiques de la France : elle en marquera le réveil. Il a éclaté sur tous les points à la fois : les plus grandes villes, tous les départements ont eu leur manifestation. Mais, entre toutes, se dégage celle de Chambord, qui apparaît avec sa haute signification, comme on voit, du milieu des flèches de ses tours, émerger la fleur de Lys monumentale, qui couronne le noble édifice !

Dans la pensée de ses organisateurs, la réunion ne devait pas dépasser des limites restreintes ; mais à leur appel fait avec réserve, les adhésions ont répondu avec un si grand élan, que les dispositions ont dû être doublées, et qu'au dernier moment, elles ont été insuffisantes.

1,200 personnes, dont le plus grand nombre avait eu à franchir de longues distances, ont pris part à cette grande démonstration ; elles n'étaient pas seules : les populations des localités voisines étaient accourues, leur faisant un sympathique cortège. Longtemps avant l'heure assignée, Chambord présentait déjà le spectacle le plus animé, disons le plus émouvant. Cette foule, qui débouchait de toutes les avenues et que chaque instant grossissait, épandait le flot de la vie, au pied de la solitaire demeure. On sentait en elle un courant unique d'impressions, de pensées, de sentiments : c'était le *présent*, chargé du poids de ses lourds soucis, qui venait saluer le *passé*, et lui demander la réparation qu'il attend de l'*avenir !*

A midi, l'humble église de la paroisse appelait les invités ; la fête commençait par une prière : elle a été courte, mais ardente ; on le voyait bien à l'attitude de ce peuple ; l'édifice trop petit n'avait pu le recevoir tout entier ; mais il se pressait à son seuil, comme à l'entrée du chœur d'un temple, dont il aurait occupé la nef, recouverte par la voûte du ciel.

Sur ce parvis, la réunion était toute formée ; c’est de là qu’elle s’est rendue dans l’enceinte réservée où était dressé le banquet.. Les témoins, qui ont contemplé cette foule radieuse, défilant sous les yeux fermés de ce château silencieux en garderont le souvenir. Quelle opposition entre cet enthousiasme et cette mélancolie!

Mais bientôt le contraste va s’effacer : la vie va prévaloir ; pendant trois quarts d’heure, en rangs serrés, les invités se présentent ; ils pénètrent dans une vaste tente merveilleusement décorée ; elle est pavoisée de bannières bleues et blanches ; cinq tables immenses, étincelantes de cristaux et de fleurs, se déroulent en longues perspectives ; chacun s’y assied en arrivant ; c’est le hazard qui place les convives ; mais le flot en monte toujours..... l’inquiétude se fait..... les places manquent. L’incident est fâcheux..... eh bien! il va se dénouer ; il ne servira qu’à mieux caractériser la réunion, et à en faire ressortir la cordialité ; le fait n’est pas plutôt connu, que la solution est trouvée : 100 convives se lèvent....; ce sont les habits qui ont fait place aux blouses.

Cependant le repas à son cours ; il est joyeux ; les conversations s’animent ; le spectacle est ma-

gique ; mais l'heure est venue où les sentiments
de tous vont trouver leurs interprètes : le silence se
fait ; la parole est aux orateurs ; on va boire à
la santé du Roi.

❀ ❀
❀

DISCOURS DE M. LE Cte DE DÉSERVILLERS

« Messieurs,

« Le 29 septembre 1820, lorsque le 13e coup de canon annonça à la France la naissance de HENRI-DIEUDONNÉ DE FRANCE, ce fut une explosion de joie générale.

« Le 29 septembre 1820 fut un de ces jours qui marquent dans la vie d'un peuple ; un de ces jours bien rares où l'espérance est dans tous les cœurs, où de longs et beaux horizons d'avenir se déroulent devant tous les regards. D'où vient qu'aujourd'hui, à plus d'un demi-siècle de distance, nous éprouvions les mêmes émotions ? Ah ! Messieurs, c'est que nous pensons tous que la mission de l'enfant de 1820 a été retardée et qu'elle n'est pas accomplie ; le temps n'a pas diminué notre confiance, et cela, parce que la vie de Monseigneur le Comte de Chambord est aussi étonnante que sa naissance ; à travers tant de vicissitudes, à travers tant de révolutions, au milieu d'un long exil, elle a conservé une admirable unité, une incomparable majesté. (Bravos).

« Du haut de la supériorité de son intelligence et de la foi dans sa mission, Monseigneur le Comte de Chambord a dominé les événements. C'est en vain que la calomnie s'est efforcée d'amoindrir sa grande figure, elle a dû renoncer à l'attaquer de front ; alors, elle a changé de tactique, elle s'est inclinée devant les qualités de Monseigneur le Comte de Chambord, mais, a-t-elle dit, *il ne connaît pas son époque*, il ne connaît pas son pays ; singulière accusation portée contre l'homme du monde qui les a le plus étudiés !

« Les yeux sans cesse tournés vers la France, Monseigneur le Comte de Chambord, connaît toutes ses aspirations, toutes ses tendances, tous ses besoins ; j'en prends à témoins les hommes spéciaux de tous les partis, qui sont allés lui poser les questions les plus délicates de la politique, de l'administration, de l'économie politique ; j'en prends à témoin les admirables lettres qu'il a écrites, et dans lesquelles il ne cesse de répéter que le grand problème politique de notre époque est l'union de l'autorité et de la liberté et que lui seul, par le grand principe qu'il représente est capable de le résoudre. (Applaudissements).

« On a dit qu'il était l'homme d'un parti, et il ne cesse de proclamer qu'il est tout à tous ; et le parti légitimiste lui-même, après cinquante ans de fidélité, répète après lui qu'il n'est pas l'homme d'un parti, qu'il appartient à tous, qu'il est le roi de France! (Bravo ! bravo !)

« On a dit qu'il était l'homme d'une classe : à

cela Monseigneur le Comte de Chambord a voulu répondre par un acte.

« C'était en Angleterre, M. le duc de Beaufort avait l'honneur de le recevoir, et, selon l'usage anglais, les convives avaient été placés d'après leurs titres. Monseigneur s'en aperçut, il déclara qu'en France, l'usage était de classer les hommes selon leur mérite, et notre grand Berryer fut mis à ses côtés.

« On a dit qu'il *ne voulait pas régner ;* à cela Monseigneur le Comte de Chambord a répondu par l'admirable rapprochement de ces deux mots : *Je le dois et je le veux !*

« On a dit enfin que le pays ne voulait pas de lui et le mot « impossible » a été lancé comme un mot d'ordre ; Messieurs, on peut longtemps tromper un peuple, on ne le trompe pas toujours, (Non ! non !) arrive nécessairement le moment où, lassé du mensonge, dégoûté par l'égoïsme, un pays a soif de vérité, d'honnêteté, de dévouement.

« Ce moment est venu ; la France veut vivre, la France veut se sauver. (Oui ! Oui ! Bravo !)

« Voilà ce qu'ils ont compris, ces hommes politiques, ces représentants de la presse qui sont venus saluer à Chambord l'aurore d'une nouvelle Renaissance ; voilà ce qu'il a compris aussi, ce généreux champion des grandes et saintes causes, qui, du Midi, nous apporte l'appui de sa renommée et de sa généreuse parole.

. « Le moment est venu, nous en avons pour gage
la démarche significative des hommes de bonne
volonté qui, foulant aux pieds d'absurdes préjugés,
sont venus aujourd'hui à Chambord. Est-ce un parti
qu'ils sont venus chercher ? Non ! Messieurs, ils
sont venus à cette France monarchique qui veut
asseoir les libertés publiques sur le principe stable,
inaltérable, traditionnel de l'hérédité ; ils sont venus
à Celui qui, seul, peut nous rendre nos libertés,
nos gloires, nos traditions, nos qualités ; à Celui
qui, seul, peut assurer la paix, parce que seul il
peut nous apporter des alliances ; à Celui qui, seul,
peut réunir les esprits, inspirer les dévouements,
protéger tous les intérêts, rallumer tous les flam-
beaux. (Applaudissements prolongés.)

« Messieurs, à la santé du Roi ! »

Un cri unanime de Vive le Roi ! s'échappe de
toutes les poitrines.

Quand le silence se rétablit, M. le marquis de Rancougne prend à son tour la parole :

DISCOURS DE M. LE Mis DE RANCOUGNE

« Messieurs,

« Lorsqu'il y a quelques semaines, la pensée de célébrer à Chambord *même*, l'anniversaire de la naissance de Monseigneur le comte de Chambord, s'est présentée à un groupe de nos amis, aucun d'eux ne s'est dissimulé l'importance toute particulière de cette manifestation, et l'émouvante signification du lieu qui devait lui servir de théâtre.

« Quels souvenirs, en effet, attachés à cette historique demeure ! elle est l'œuvre de nos Rois ; les plus brillants, les plus illustres, les plus grands d'entre eux y ont déployé les splendeurs de la Monarchie ; elle a été l'asile d'un héros ; elle est enfin devenue le don de la France à *Celui* qui lui a donné sa plus haute consécration, en se revêtant de son nom et en en faisant, à la fois, le titre de l'Exilé, la formule de l'avenir, le symbole de nos espérances. (Bravos répétés.)

« C'était donc, je le répète, une entreprise considérable ; nous en avons mesuré l'étendue, envisagé toutes les difficultés. Au point de vue général de la situation politique du pays, la prédominance absolue de nos adversaires, que la liberté chez les autres irrite, et que cette irritation engagerait volontiers aux violences et à l'arbitraire; au point de vue local, une contrée, en apparence au moins, inféodée aux idées radicales, l'éloignement, la dispersion de nos amis, et enfin, les préjugés de vieille date, dont l'artifice n'a que trop réussi à diviser des hommes qu'un égal patriotisme anime, et qui n'auraient besoin que de se rapprocher pour se donner la main et pour s'entendre.

« Messieurs, c'est surtout cette dernière considération qui nous a décidés; nous y avons puisé notre résolution ; confiants dans le sentiment d'union et de concorde qui nous inspirait, persuadés, du reste, qu'il y a toujours opportunité, lorsque le péril est imminent à ne pas s'effacer devant lui, nous n'avons plus hésité. (Bravos.) Une commission d'organisation a été formée ; elle m'a choisi pour son président, et c'est à cet honneur que je dois celui de vous adresser ces quelques paroles.

I.

« Messieurs, la pensée de l'union de toutes les forces conservatrices n'est pas une pensée nouvelle ; elle a surgi dans tous les cœurs le jour où le pays envahi, terrassé par l'ennemi du dehors, a donné au monde le spectacle lamentable de vaincus s'entre égorgeant sous les yeux de leurs vainqueurs. Ce jour-là, sous le coup du double désastre d'une défaite profonde et d'une insurrection insensée, il s'est produit comme une détente des passions politiques; on l'a appelée « la Trève des partis » : c'était plutôt, au fond, un armistice, l'armistice de l'épuisement. En effet, les conservateurs au pouvoir ayant cru devoir retenir, pour leur gouvernement, le nom de la République, ce qui n'était qu'une transaction entre eux est devenu le terrain de luttes ardentes.

« Je ne veux pas faire l'histoire d'un passé si près de nous ; je n'ai voulu que rappeler l'origine et la raison d'être de l'union conservatrice ; elle est née du péril social ; elle s'était donné pour tâche de le conjurer ; vous voyez comment elle y a réussi ; car c'est à elle que nous devons la République, devenue le gouvernement légal de la France, et la chute des derniers remparts qui arrêtaient les assaillants ; ils sont aujourd'hui nos maîtres ; ils nous le font durement sentir ! (Vifs applaudissements).

« Pourquoi donc l'union conservatrice ne nous a-t-elle pas préservés ? C'est qu'elle se composait d'éléments désagrégés au fond, qu'elle n'unissait, en réalité, que des appréhensions, en un mot, que sa formule était purement négative. Or, Messieurs, il n'y a de force que celle qui est homogène, il n'y a de force que dans l'affirmation.

« Toutefois, Messieurs, ne regrettons pas cette tentative ; elle n'aura pas été infructueuse. Ne nous eût-elle réunis qu'un jour, si elle nous a donné un enseignement, si elle nous a préparés a une entente plus large et plus efficace, remercions l'union conservatrice du bienfait qu'elle nous aura légué : je dis, légué, car telle qu'elle était, elle n'existe plus. (Bravos).

« Où retrouver, en effet, les éléments qui la composaient alors ? Où sont les républicains conservateurs ? (Rires). Où pourraient-ils être ? Quelle place y a-t-il pour eux dans la République radicale, socialiste et bientôt communaliste ? (Applaudissements). Non, il n'y a pas de République conservatrice ; soyons justes, il ne pouvait pas y en avoir : la poussée incessante des couches nouvelles, des couches avides, ne le permet pas. (Bravos répétés).

« N'en est-il pas de même du parti impérialiste ? Je parle de son immense majorité, de ceux qui s'étaient placés sous son égide pour y trouver les garanties de l'ordre et de la préservation sociale. Cette égide n'a-t-elle pas disparu ? Ne reposait-elle pas toute entière en ce jeune prince, dont les sentiments personnels, je lui rends cet hommage, justifiaient, mais justifiaient seuls, cette confiance ? (Bravos). Il n'existe plus ; il a succombé, non sans gloire, emportant avec lui toutes les espérances plausibles, qui ne seraient plus que d'étranges, que d'aveugles illusions, si elles se reportaient sur *Celui* que ses divergences antisociales et ses palinodies politiques, ont fait rayer du livre de sa famille. (Bravos).

« Messieurs, l'heure est passée des coalitions hétérogènes, car le terrain est déblayé : les camps sont tranchés, les vrais adversaires sont en présence : d'une part, la République, avec ses conséquences subversives, et de l'autre, ... regardez à l'horizon, vous y verrez poindre la Monarchie, la Monarchie héréditaire (Applaudissements prolongés), conservatrice, protectrice des intérêts nationaux. C'est désormais ce point de l'horizon qui s'éclaire, comme un phare, pour rallier la phalange des forces conservatrices. Oui, Messieurs, vous pourriez avoir été, au titre de conservateurs, républicains, impérialistes, ... aujourd'hui, la logique de votre patriotisme a fait de vous des royalistes, je le proclame. (Triple salve d'applaudissements).

II

« Nous sommes royalistes, parce que nous avons souci des intérêts du pays ; (Bravos) nous en avons le souci, parce que ses intérêts sont précisément les nôtres ; on a condamné d'une manière générale toute inspiration dont l'intérêt est le mobile ; on a dit que les intérêts étaient égoïstes : voulez-vous être rassurés sur la valeur des vôtres ? demandez-vous si celui qui vous est personnel, est d'accord avec l'intérêt de tous, et quand votre

conscience, votre conscience française vous l'affir-
mera, ne craignez pas d'en faire la base de votre
opinion politique. L'intérêt collectif, n'est-ce pas
l'agrégation des intérêts particuliers, et le patriotisme, n'est-il pas le partage, entre tous, des intérêts de la patrie ? (Bravos répétés).

« J'en veux choisir un exemple, parce qu'il est
fondamental, et parce que, parlant à des hommes
qui possèdent et qui cultivent la terre, je suis sûr
d'être compris. Est-il un intérêt plus national que
l'intérêt agricole ? Chacun de vous cependant peut
dire : c'est le mien. C'est le vôtre, oui ; soyez-en
fiers, car là est la vraie source de la prospérité générale, la source mère d'où découlent toutes celles
qui font la fortune de la France. (Applaudissements.)
Eh bien ! Messieurs, si cette source s'épuise ; si la
ruine de l'agriculture est imminente ; si nous voyons
dans cette ruine la main néfaste de la République,
notre repulsion pour elle n'est-elle pas justifiée ?
et la recherche d'un gouvernement protecteur n'est-
elle pas légitime ? (Applaudissements prolongés.)

« La République, dans notre pays a, pour son
malheur et pour le nôtre, ses traditions inéluc-
tables, ses dogmes obligatoires. « Liberté, égalité,
fraternité » ; elle s'est contrainte elle-même à con-
vertir en fait ce qui n'est qu'une abstraction ; et,
impuissante à y réussir dans le domaine de la politique, elle en veut tenter l'application dans les
questions d'ordre économique : là, ils ne sont pas

moins faux, et de plus, ils sont désastreux. (Bravo ! bravo !)

« Sur le terrain des échanges entre nations, jalouses du développement de leur production, la liberté absolue est un mythe, l'égalité est boiteuse, la fraternité est menteuse (Vifs applaudissements) ; entre de tels contractants, l'affaire est toujours meilleure pour l'un que pour l'autre (Rires) ; il y a, il est vrai, le chapitre des compensations : Cherchons celles de la République ; à l'extérieur, elle n'inspire pas de sympathies, et ne trouve pas d'alliance ; de là pour améliorer ses relations, la nécessité d'acheter au prix de concessions commerciales, d'éphémères bienveillances. (Bravos prolongés.)

« A l'intérieur, ce sont d'autres préoccupations : elle a à remplir vis-à-vis du *nombre*, sur lequel elle s'appuie, un de ses plus téméraires engagements : « L'augmentation progressive des salaires en raison inverse du travail et de la valeur du produit. » (Applaudissements.) C'est assurément un problème insoluble, un leurre, dont les termes sont absolument inconciliables. Mais si on ne s'arrête pas devant l'évidence, s'il faut que la démonstration vienne du fait, le fait vous aura ruinés. (Bravos prolongés.) Sur qui pèsent, en effet, les tarifs des traités de commerce ? Sur vous, cultivateurs ! C'est vous qui êtes les sacrifiés, vous le sol, vous l'agriculture française ! (Vifs applaudissements.)

« Cette politique économique est donc à double

effet : le premier peut ruiner la France, le second la divise en deux camps « les consommateurs et les consommés ». (Triple salve d'applaudissements). Or, tout gouvernement qui s'appuie sur l'antagonisme des classes; est un gouvernement voué aux luttes interminables et condamné à toujours vaincre... à vaincre qui ? des concitoyens ! (Bravos.)

« La France, succombant sur un champ de bataille, peut se résigner momentanément aux conséquences de sa défaite, mais, vis-à-vis d'elle-même, au regard des siens, être partagée en catégories de vainqueurs et de vaincus, non... (Vifs applaudissements), elle n'acceptera jamais de dominateurs, pas plus ceux d'en bas que ceux d'en haut. (Bravos.) Ce qu'elle veut, c'est la cohésion de ses forces sociales, équilibrées, coordonnées dans de sages et libérales institutions ; la sécurité de sa puissance productive, sous l'égide d'un gouvernement respectable et respecté. (Bravos prolongés.)

III.

« Ce programme, Messieurs, est celui de la Monarchie ; que dis-je, il est son essence. C'est elle qui a fait le territoire ; il est le produit de son travail séculaire : alliances, héritages, guerres glorieuses, ce sont nos rois qui ont composé, pétri, amalgamé cette terre féodale et morcelée, et qui en ont fait une terre française, le piédestal d'une nation fière, illustre et puissante. Aussi, entre elle et la Monarchie, existe-t-il un lien que rien, au fond, ne peut rompre. Nos gloires et nos malheurs en sont les fibres indestructibles. (Bravos répétés.)

« Un siècle de révolutions, d'essais, de tentatives de toute nature n'aura, bientôt, finalement servi qu'à en démontrer l'inanité, et à établir cette vérité : « A la Monarchie seule, il appartient de défendre et de développer nos intérêts nationaux, parce que c'est elle qui les a fondés. » (Vifs applaudissements).

« Mais, si elle a fait l'unité du territoire, elle n'a pas moins fait l'unité de la nation, et c'est là ce qui lui défend de partager les passions des partis. De ce rôle, elle ne saurait non plus déchoir. Sa mission est de les apaiser par sa longanimité, d'ouvrir les bras aux hommes de bonne volonté... et elle y réussit à son heure. (Bravos). Puis-je passer sous silence l'acte *spontané* de ces princes, s'inclinant devant le droit monarchique, et venant reprendre leur place aux côtés du chef de leur race ? C'était un noble exemple ! Ils sauront le maintenir dans son intégralité (Applaudissements), écarter les questions intempestives qui divisent, pour ne songer qu'au salut du pays ! (Bravos) Ils auront alors avancé l'heure, où cette noble parole : « Je ne suis pas le Roi d'un parti, » recevra son accomplissement. (Bravos prolongés).

« Oui, Monseigneur, bientôt elle se réalisera ! (Applaudissements) et, le jour où vos amis fidèles, ceux dont l'inébranlable constance aura maintenu, au prix de si longues épreuves, la foi monarchique, se sentiront submergés dans l'unanimité des suffrages qui vous acclameront, ce grand jour, qui sera pour le parti légitimiste le jour de sa disparition, sera le jour de son triomphe ! (Bravos prolongés.) C'est qu'alors vous reviendrez pour être le Roi de tous, pour être le Roi de France. (Triple salve d'applaudissements.) »

Ce discours, prononcé d'une voix chaude et vibrante, a provoqué à plusieurs reprises de véritables explosions d'enthousiasme. Quand l'orateur a parlé des souffrances de l'agriculture, et de cette politique économique qui divise la France en deux camps, « les consommateurs et les consommés », une triple salve d'applaudissements prolongés a éclaté sur tous les points de la salle. Il en a été de même lorsqu'il a fait allusion à l'acte *spontané* du 5 août qui a réalisé l'union de tous les princes de la Maison de France. Il n'y avait pas un cœur qui ne s'associât à ces nobles et généreuses paroles. Dans ce discours si libéral, si plein de tact et de sentiments élevés, M. le marquis de Rancougne a révélé toutes les qualités d'un orateur de premier ordre.

Enfin, M. Baragnon s'est levé et, avec cette verve
et ce mâle entrain, dont il a donné tant de preuves
dans les grands débats parlementaires, a prononcé
un éloquent discours dont voici le texte :

DISCOURS DE M. BARAGNON

« Messieurs,

« Il est bien imprudent à moi, malgré les éloges
qui viennent de m'être adressés et que je n'accepte
que pour ma bonne volonté, il est bien imprudent
à moi de prendre la parole après les accents admirables que vous avez applaudis dans la bouche des
deux orateurs qui m'ont précédé. Jamais tableau si
parfait de la monarchie française telle que nous la
comprenons n'avait été déroulé sous les yeux d'un
public plus capable et plus digne d'en apprécier la
grandeur, et je ne me permettrais d'y rien ajouter,
si je n'avais un vœu à émettre sous la forme du toast
que je veux vous proposer. Je vous invite à boire à
la prospérité et à la grandeur de la France ! (Bravos
et applaudissements). Et ne croyez pas que je me
propose d'atténuer ainsi le mouvement d'enthousiasme, qui vous portait tout à l'heure à acclamer la
royauté, car le roi ne comprendrait pas que la

royauté fût séparée de la patrie. (Applaudissements prolongés).

« Je ne parle pas seulement au nom de ceux qui m'écoutent. Vos amis du Midi, que je suis fier de représenter ici, viennent de me faire parvenir une dépêche dans laquelle ils s'associent à vos sentiments. Les royalistes d'Avignon, de Marseille, de Nîmes, de Toulouse, de Montpellier, d'Hyères, de Cette, d'Aix, d'Arles et de Tarascon se joignent à leurs amis réunis aujourd'hui à Chambord.

« C'est donc, on peut le dire, la France entière qui salue ce banquet si admirablement placé, d'ailleurs, sur un sol où la propriété royale s'affirme d'une façon toute particulière, en s'alliant aux plus doux souvenirs. (Bravos prolongés).

« Pourquoi donc le bonheur de la France est-il lié au rétablissement de la Monarchie, de cette Monarchie qui a fait l'unité du sol et celle de la nation, l'unité physique et l'unité morale du pays? Elle nous manque et nous en souffrons, et à ce propos qu'on ne nous accuse pas d'être des factieux. On a dit beaucoup de choses sur le banquet de Chambord, on a parlé de conciliabules secrets, de plans qui seraient préparés ici contre les lois. (Rires).

« Notre ambition est tout autre et plus grande.

« Nous ne conspirons pas, nous vivons! (Applaudissements répétés).

« Nous entendons que le pays le sache, et c'est

devant lui que nous proclamons hautement ce que nous voulons. (Nouveaux applaudissements.)

« La France a deux grands besoins : l'autorité et liberté. Quand la première n'est point respectée, quand la seconde manque des garanties qui l'assurent à tous les citoyens, un pays est bien près d'être rayé de la liste des nations civilisées. Or, j'affirme que la royauté seule peut nous donner ces deux grands bienfaits. (Très bien, très bien.) Où est aujourd'hui l'autorité ? Un journal ami du pouvoir actuel et trop facilement résigné, disait récemment : l'autorité sommeille. Triste aveu ! car l'autorité qui sommeille est une autorité qui meurt. Remarquez que je ne parle pas du fonctionnaire accomplissant plus ou moins bien sa tâche habituelle, mais de cette grande autorité morale qui s'exerce au nom du droit et du bon sens et dont le gouvernement a la garde.

« De quels douloureux spectacles n'avons-nous pas été témoins récemment ? Il y a quelques jours, dans nos ports du Midi, débarquaient des hommes que nous eussions accueillis avec commisération s'ils étaient revenus repentants en même temps que pardonnés. (Applaudissements). Plusieurs, je n'en doute pas, ont compris leur situation nouvelle. Mais qu'a-t-on fait de beaucoup d'entre eux ? On a érigé leur retour en une sorte d'offensante revanche contre la magistrature qui les a condamnés, contre l'armée qui les a vaincus et même contre le gouvernement républicain qui les a justement frappés. Ainsi toutes nos grandes institutions sociales ont reçu une grave offense d'une mesure qui pouvait être salutaire si le véritable apaisement en fût résulté ; mais le gouvernement actuel est placé dans de telles conditions que, malgré lui, il doit subir que les amnistiés soient transformés en martyrs. (Très bien ! très bien !) C'est ici qu'éclate l'invincible supériorité de la Monarchie. Elle, elle seule, eût pu pardonner dès 1871, mais alors chaque chose fût demeurée à sa place ; le coupable pardonné eût gardé son véritable caractère et l'on n'aurait pas promené les amnistiés comme autant de drapeaux funèbres, rappelant pour les glorifier d'épouvantables souvenirs. (Bravos prolongés).

« Le devoir du pardonné, c'est le repentir. Il eût été plus facile, en face de cette autorité paternelle, de qui on l'aurait reçu comme une grâce, tandis qu'aujourd'hui, devant ceux qui reviennent en triomphateurs, on est *condamné à dormir.*

« L'autorité royale, telle que nous la comprenons, n'est point d'ailleurs cette autorité absolue qu'on nous reproche sans cesse en nous appelant les hommes du passé. C'est l'autorité à la fois paternelle et éclairée, telle que l'a toujours entendue notre Monarchie nationale et traditionnelle. (Bravos.) Bien loin d'imposer au pays l'immobilité systématique, la Monarchie française est un régime fécond qui, sous la sauvegarde de l'hérédité n'a jamais cessé de se prêter au développement de nos institutions, suivant le besoin du temps et le vœu des populations (Bravos prolongés.)

« Et la liberté, la France n'en est-elle pas jalouse ? Elle est pour elle, je ne dirai pas une idole, mais l'objet de son profond attachement. Or, le sort de la liberté est entièrement lié au respect et à la fermeté de l'autorité. A ce titre, la Monarchie lui offre des garanties que le régime actuel ne saurait lui donner. Aujourd'hui, par une étrange contradiction, on semble méconnaître ce qui est la liberté vraie en même temps qu'on ne résiste pas à ce qui est la licence. Il semble que la liberté du bien soit entravée pendant que celle du mal a le champ libre. Pour n'en citer qu'un exemple : la liberté d'enseignement, la plus nécessaire, la plus sacrée, parce qu'elle touche aux droits du père de famille, la plus inoffensive même vis-à-vis de l'Etat, qu'en veut-on faire, sous prétexte de la réglementer ? Quel père de famille ne se sent pas menacé de se voir ravir l'âme de ses enfants (Vifs applaudissements), et pendant ce temps, pendant que la liberté religieuse souffre, le gouvernement assiste à une effroyable licence, qu'il veut conjurer peut-être, mais en vain, car la situation est plus forte que lui.

« Quand vit-on jamais, notamment la presse, arriver à un état de dévergondage qui ne permet plus de la citer, la foule s'habituer à donner sur les places publiques des ordres tumultueux à nos soldats, et ceux-ci jouer la *Marseillaise* à son commandement.

« Je ne rappelle pas tous ces faits pour le vain plaisir de critiquer ceux qui nous gouvernent. Ils ont peut-être d'excellentes intentions, mais c'est le malheur du régime actuel de ne pouvoir jamais nous donner ni l'autorité, ni la liberté, les deux choses dont la France a le plus besoin. (Bravos). La Monarchie, elle, nous les donnera, quand le pays le voudra ; elle, la suprême espérance de la patrie !

« C'est pourquoi les royalistes ont le droit d'inviter tous les conservateurs à s'unir autour du principe qu'elle représente et du nom que nous fêtons aujourd'hui.

« On vous l'a dit. Cette union est nécessaire. Elle sera féconde si elle se forme sur le terrain que je viens de déterminer. Ce n'est point une raison pour condamner les alliances temporaires, que les circonstances et la nécessité d'une défense commune ont dû faire contracter entre des hommes également menacés. C'est ainsi que bientôt, j'espère, on verra des propositions déplorables rejetées par une de ces alliances, dont il faut reconnaître l'efficacité.

« Mais, je le répète, les royalistes ont le devoir d'appeler à eux tous les vrais conservateurs. Leur situation à cet égard ne s'est point modifiée depuis la visite patriotique du 5 août 1873, à laquelle tout à l'heure on faisait une si heureuse allusion. (Bravos et applaudissements prolongés.) Il est bon de le redire après de fausses interprétations données à un document privé par des adversaires intéressés. (Bravos.)

« Il y a eu à cette époque une reconnaissance du chef de la Maison de France par tous les membres de sa famille ; loyalement acceptée, loyalement continuée, elle demeure la grande espérance du pays. Il ne nous reste que le regret d'être privés de la présence d'un homme aimable, qui eût ajouté au charme de cette réunion.

« Irai-je jusqu'à mentionner cette supposition, qui est presque une plaisanterie de mauvais goût, d'après laquelle l'ordre de l'hérédité pourrait être modifié dans la Maison de France.

« Le sang de Louis XIV mérite partout notre respect, et ce n'est pas une des moindres gloires de la Monarchie d'avoir dispersé ses fils sur les trônes étrangers. Mais nul ne me contredira quand j'affirmerai que la première condition, pour être roi de France, c'est d'être Français. (Bravos et applaudissements.)

« Unissons-donc dans nos vœux aujourd'hui et Monseigneur le Comte de Chambord et la Maison de France, telle que la visite du 5 août l'a reconstituée. Et si l'on demande encore ce que nous avons résolu à Chambord, répondons à nos adversairas :

« C'est d'abord d'être au premier rang de l'armée conservatrice et de vous combattre tous les jours. Vous nous donnez assez de travail. » (Rires et applaudissements répétés.)

« Puis, quand nous aurons fait cela, le pays, qui nous aura jugés à l'œuvre, éclairé par vos fautes, comprendra où est sa véritable sécurité, son meilleur avenir. C'est pour le lui rappeler que nous sommes ici, attestant une fois de plus nos doctrines et nos espérances et usant de nos droits de citoyens sans désobéir aux lois. (Applaudissements.)

« Quand nous disons : Vive le Roi ! sous ces ombrages, nous sommes chez nous ; nous ne provoquons personne à la sédition et à la révolte. Nous ne nions pas l'existence d'une République que nous ne voyons que trop (Rires), nous nous bornons à dire à la France : au jour et à l'heure marqués par la Providence où le pays reviendra à la Royauté, le Roi ne sera ni à choisir ni à faire. Il existe, et Dieu nous l'a donné à cette heureuse date dont nous célébrons le souvenir.

« C'est dans ces sentiments qu'au nom de vous tous, au nom de mes chers amis du Midi, si attaqués aujourd'hui, si courageux, si fidèles, au nom des royalistes de tout le pays, je bois à la grandeur et à la prospérité de notre chère France. (Bravos prolongés. — Acclamations unanimes). »

Les cris de Vive le Roi! ont encore retenti, puis M. le marquis de Rancougne a pris de nouveau la parole pour porter un toast qui a dignement terminé cette imposante démonstration :

« Messieurs,

« Au nom de la Commission d'organisation, je viens vous exprimer les sentiments dont nous sommes pénétrés.

« Si nous avons préparé cette réunion, c'est vous qui l'avez faite ce qu'elle est, par votre concours chaleureux.

« C'est vous qui lui avez imprimé un grand caractère, par l'unanimité de votre affirmation royaliste.

« C'est vous, enfin, qui en avez fait une manifestation digne du Prince, auquel s'adressent aujourd'hui nos vœux et nos espérances.

« Permettez donc que nous levions encore une fois nos verres pour boire à vous tous »

« Au Président de ce banquet, à l'homme du devoir, dont les lumières égalent la fermeté ;

« A nos amis de Loir-et-Cher ;

« A ceux qui sont venus de loin ;

« Aux représentants de la presse indépendante et amie.

« Messieurs,

« A l'orateur éminent, au lutteur intrépide et infatigable, à Monsieur Baragnon !

« Et enfin, et surtout, à nos amis de la campagne, dont la présence ici a son éloquente signification !

« Aux cultivateurs ! »

A quatre heures tout était fini. La salle du banquet se vide peu à peu, et la foule se répand sur la pelouse où stationne un piquet de gendarmerie. La joie rayonne sur tous les visages, et l'on se sépare sous l'impression fortifiante de cette fête qui a eu tout à la fois le caractère d'une éclatante manifestation royaliste et d'une protestation contre les tentatives et les agissements de la République radicale !

www.ingramcontent.com/pod-product-compliance
Lightning Source LLC
Chambersburg PA
CBHW061130050726
47594CB00005B/2170